Matthias Sange

Projektcontrolling bei IT-Projekten

Matthias Sange

Projektcontrolling bei IT-Projekten

GRIN Verlag

Bibliografische Information der Deutschen Nationalbibliothek: Die Deutsche Bibliothek verzeichnet diese Publikation in der Deutschen Nationalbibliografie; detaillierte bibliografische Daten sind im Internet über http://dnb.d-nb.de/ abrufbar.

1. Auflage 2003
Copyright © 2003 GRIN Verlag
http://www.grin.com/
Druck und Bindung: Books on Demand GmbH, Norderstedt Germany
ISBN 978-3-640-31548-2

Projektcontrolling bei IT-Projekten

von

Matthias Sange

Projektcontrolling bei IT-Projekten

Hausarbeit

vorgelegt am 11.01.2003

an der
Berufsakademie Berlin
- Staatliche Studienakademie -

Bereich:	*Wirtschaft*
Fachrichtung:	*Industrie; Vertiefungsrichtung Wirtschaftsinformatik*
Studienjahrgang:	*2000*
Studienhalbjahr:	*5*
von:	*Matthias Sange*

Inhaltsverzeichnis

Abbildungsverzeichnis _____ **Fehler! Textmarke nicht definiert.**

Abkürzungsverzeichnis _____ *V*

1. Einführung _____ *1*

2. Begriffliche Grundlagen des IT-Projektcontrolling _____ *2*

2.1 Der Begriff des Projektes im Allgemeinen und IT-Projekte als Spezialfall _____ 2

2.2 Definition des Begriffes Controlling _____ 3

2.3 Zusammenführung zum Projektcontrolling _____ 3

3. Durchführung und Methoden des Projektcontrolling _____ *4*

3.1 Ablaufmodelle des Projektcontrolling _____ 4

3.2 Spezielle Phasenmodelle im Bereich von IT-Projekten _____ 5

3.3 Aufgaben des Projektcontrolling für die Planungsphase _____ 5

    3.3.1 Struktur- und Ablaufplanung _____ *6*

    3.3.2 Aufwandsplanung _____ *6*

3.4 Projektsteuerung und –controlling in der Vollzugsphase _____ 9

    3.4.1 Aufgaben des Projektcontrolling in der Vollzugsphase _____ *9*

    3.4.2 Controlling des Projektgegenstandes _____ *9*

    3.4.3 Terminkontrolle _____ *11*

        3.4.3.1 Vorgehen der Terminüberprüfung _____ 11

        3.4.3.2 Die Meilensteintrendanalyse _____ 12

    3.4.4 Kostenkontrolle _____ *13*

        3.4.4.1 Grundlagen der Kostenkontrolle _____ 13

        3.4.4.2 Der Plan-Ist Vergleich _____ 13

        3.4.4.3 Die Earned Value Analyse _____ 14

        3.4.4.4 Kostenwirtschaftlichkeit _____ 16

    3.4.5 Berichtswesen _____ *16*

3.5 Aufgaben nach Vollendung des Projektes _____ 18

    3.5.1 Tätigkeiten im Rahmen des Projektcontrolling _____ *18*

    3.5.2 Überblick über die Controllinginstrumente _____ *19*

4. Zusammenfassung und Perspektiven des Projektcontrolling _____ *20*

Literaturverzeichnis _____ *V*

Internetverzeichnis _____ *VIII*

Ehrenwörtliche Erklärung _____ *IX*

Abbildung 1 - Sequentielles Wasserfallmodell mit Meilensteinen Quelle: Kargl (2000a), S. 163. _____ *5*

Abbildung 2 - Kostenschätzung im Projektstrukturplan und in Betrachtung des Entwicklungszyklus Quelle: Schwarze (1994), S. 192. _____ *8*

Abbildung 3 - Reaktionszeit für Controllingreports Quelle: Michel (1993), S. 19. _____ *9*

Abbildung 4 – Meilensteintrendanalyse Quelle: Eigene Darstellung, in Anlehnung an: Albert/Högsdal (2000), S. 2. _____ *12*

ABKÜRZUNGSVERZEICHNIS

ACWP	-	Actual Cost of Work Performed
BCWP	-	Budgeted Cost of Work Performed
BCWS	-	Budgeted Cost of Work Scheduled
BGB	-	Bürgerliches Gesetzbuch
DV	-	Datenverarbeitung
EV	-	Earned Value
EVA	-	Earned Value Analysis
HGB	-	Handelsgesetzbuch
HW	-	Hardware
IAS	-	International Accounting Standards
IKS	-	Informations- und Kommunikationssysteme
IT	-	Informationstechnologie
IV	-	Informationsverarbeitung
SW	-	Software

1. Einführung

In den letzten Jahren zeichnet sich ein Trend zu immer flexibleren und an die spezifischen Unternehmensprozesse angelehnten Softwaresystemen ab. Um den gesteigerten Marktanforderungen gerecht zu werden, bedarf es einer flexiblen Organisation, die sich sowohl auf die sich immer schneller ändernden Marktbedingungen anpasst, aber auch die Qualitätsanforderungen von Kunden und Unternehmen erfüllen kann. Hierbei hat sich das Projektmanagement als geeigneter methodischer Ansatz herausgestellt. Jedoch zeigt sich, dass der Hauptanteil der Projekte das angestrebte Kosten und Terminziel bei weitem verfehlt. So ergab eine Studie der Stanish Group, dass gerade einmal neun % aller Großprojekte und 28% der kleineren und mittleren Projekten das angestrebte „Time and Budget"-Ziel erreicht haben.[1] Litke beschreibt sogar, dass Kosten- und Terminüberschreitungen bei Softwareprojekten im Rahmen von 100 – 200% durchaus üblich seien.[2] Dabei liegen die Kosten der Informationsverarbeitung mittlerweile zwischen fünf und 15 Prozent der gesamten Kosten eines Unternehmens, wobei Projekte hierbei einen Hauptschwerpunkt bilden.[3] Hieraus lässt sich ableiten, dass, neben einem effizienten Projektmanagement, vor allem ein übergreifendes Projektcontrolling entscheidend ist, um die angestrebten Vorgaben eines Projektes zu erreichen.

Ziel der vorliegenden Arbeit ist es, Controllingmethoden für Projekte im Allgemeinen und deren spezielle Anforderungen im Bereich von IT-Projekten zu analysieren. Dabei wird die Frage anzugehen sein, inwieweit der Zielkonflikt zwischen den drei Projekteinflussgrößen Leistung/Qualität, Aufwand und Projektdauer[4] harmonisiert werden kann. Hierbei zeigt das so genannte *Brook'sche Gesetz: „Adding manpower to a late project makes it later"*[5], dass eine sich anbietende Humankapazitätsanpassung keine geeignete Lösung darstellt. Des Weiteren unterliegt auch das Projektcontrolling selbst der Anforderung der Wirtschaftlichkeit. Daher wird der Verfasser auch auf die Frage eingehen, inwieweit das Kosten-Nutzen-Verhältnis optimiert werden kann.

Ausgehend von der Definition der Begrifflichkeiten Projekt, Controlling und Projektcontrolling werden die Aufgaben des Projektcontrolling im stufenweisen Ablauf eines Projektes dargestellt. Hierbei werden die Projektcontrollingaufgaben bei der Planung und Durchführung vorgestellt, um anschließend die Tätigkeiten nach dem Projektabschluss aufzuzeigen. Dabei wird der Verfasser nur auf die Aspekte im *Einzelprojektcontrolling* eingehen. Eine Koordination aller Projekte in einem Portfolio (*Multiprojektcontrolling*) und deren zugehörige Personalplanung und -verteilung, sowie Aufgaben, die **vor** der Entscheidung für ein Projekt erfolgen, werden nicht behandelt.

---

[1] Vgl. Meier (2001), S. 1.
[2] Vgl. Litke (1996), S. 1.
[3] Vgl. Fiedler (2001), S. 2.
[4] Vgl. Litke (1995), S. 131.
[5] Brooks (1974): The mystical Man-Month, o.O. 1974, S. 30ff.; zitiert nach Litke (1995), S. 131.

2. Begriffliche Grundlagen des IT-Projektcontrolling

2.1 Der Begriff des Projektes im Allgemeinen und IT-Projekte im Speziellen

Proiectus – aus dem Lateinischen abgeleitet, steht für Entwurf, Plan oder Vorhaben.[6] Aus dieser Übersetzung würden sich viele deckungsgleiche betriebliche Prozesse ableiten lassen, die sich nicht zwingend von Standardvorhaben abgrenzen ließen. Für die Begriffs-definition finden sich daher in der betriebswirtschaftlichen Literatur viele Beispiele, von denen Martinos Ansatz hervorgehoben werden soll:

> *„A project is any task which has a definable beginning and a definable end and requires the expenditure of one or more resources in each of the separate but interrelated and interdependent activities which must be completed to achieve the objectives for which the task was instituted."*[7]

Zu einer einheitlichen Auffassung wurde die DIN 69 901 geschaffen, die den Begriff des Projektes als

- festgelegtes Ziel,
- welches zeitlich, finanziell und personell begrenzt ist,
- keine Routineaufgabe darstellt, sondern neuartig und komplex ist,
- eine projektspezifische Organisation besitzt,
- mit Unsicherheit und Risiko behaftet
- und eine Einmaligkeit der Bedingungen in Ihrer Gesamtheit darstellt,

charakterisiert.[8]

In Weiterentwicklung zum o.g. lassen sich IT-Projekte (resp. IV-Projekte – die Begriffe werden im Folgenden synonym verwendet) durch erweiterte Elemente klassifizieren. Kargl subsumiert unter diesem Begriff besonders komplexe und innovative Aufgabenstel-lungen, bei denen, neben Mitarbeitern aus unterschiedlichen Unternehmensbereichen, häufig auch unternehmensexterne Berater eingebunden sind. Überdies bilden die Res-sourcenkosten im Allgemeinen den Hauptkostenfaktor eines IT-Projektes. Ferner wird der Begriff der Einmaligkeit dahingehend gelockert, dass Schnittstellen zu anderen IT-Projekten resp. zu bereits bestehenden Softwaresystemen existieren können. Eine weite-re Besonderheit stellt die dynamische Marktentwicklung des IT-Sektors dar, der neben der ständigen Zielrevision während des Projektverlaufes vor allem die Schwierigkeit in sich birgt, hinreichende Termin- und Kostenschätzungen vorzunehmen.[9] Die ständige Überprüfung der eigentlichen Planziele bilden einen Zielkonflikt zu den Restriktionen von Kosten und Terminen und bilden eine besondere Herausforderung für IT-Projekte. Daher ist im Rahmen der Projektdurchführung eine genaue Projektzielbeschreibung, eine realis-tische und bedarfsgerechte Zeit-, Ablauf- und Aufwandsplanung, ein Gremium zur Quali-täts- und Zielüberprüfung sowie die Akzeptanz des Projektvorhabens unumgänglich und bilden die kritischen Erfolgsfaktoren (KEF) für Projekte dieser Art.[10] Aufgabe dieser Arbeit

---

[6] Vgl. Teichmann (1999), S. 8.
[7] Martino (1964): Project Management and Control, Vol.1, Finding the Critical Path, New York 1964, S. 17; zitiert nach Litke (1995), S. 17.
[8] Vgl. Teichmann (1999), S. 8.
[9] Vgl. Kargl (2000a), S. 157.
[10] Vgl. Kargl (2000b), S. 6f.

ist es, im Folgenden Projektcontrollingwerkzeuge im Bereich von IT-Projekten vorzustellen. Um die Vielfalt in diesem Bereich abzudecken und unterschiedliche Anforderungen
für spezifische Projektarten aufzuzeigen wird sich der Verfasser an der Klassifizierung von
Kargl orientieren, der IT-Projekte in folgende Gruppen unterteilt:

- „die Eigenentwicklung von Informations- und Kommunikationssystemen (IKS),
- die Auswahl, Anpassung und Einführung von Standard-Anwendungssoftware,
- die Planung und Installation von IT-Infrastruktur,
- die Migration von Softwaresystemen [häufig in mehreren Projekten]."[11]

2.2 Definition des Begriffes Controlling

Während der Begriff des Projektmanagement durch die Normierung eine einheitliche
Verwendung erreicht hat, bezieht sich das Wort Controlling auf vielerlei Aspekte. Der
Wortsinn des englischen „to control" lässt sich mit *kontrollieren* und *überwachen* aber
auch als *steuern, lenken* und *regulieren* übersetzen. Besonders das französische „contre-
rôle" (Gegenprobe) bildete Grundlage für den ursprünglichen Controllingansatz.[12] So definiert beispielsweise Bramsemann in der Bestimmung eines **phasenorientierten** Cont-
rollingbegriffes, dass das Controlling die „letzte Phase im allgemeinen Planungs- und
Kontrollprozess" darstellt.[13] Hierbei würde das Controlling lediglich die Aufgabe erfüllen,
bestimmte Planwerte, die verfasst wurden, nach deren Realisierung auf ihre Einhaltung
zu kontrollieren. Horváth hingegen ist hier anderer Meinung: Unter dem Ausruf: „Der
Controller kontrolliert nicht!"[14] führt er einen **führungsunterstützenden** Begriff ein, der
das Controlling als Subsystem der Führung vereint, welche Planung und Kontrolle als
untrennbare Einheit zusammenfügt. Dieses begründet er durch die Tatsache, dass die in
der Planung definierten Sollgrößen unzertrennbar mit den Ist-Kontrollgrößen verbunden
sind, so dass eine einheitliche Planung und Betrachtung unumgänglich ist.[15] Das Controlling bildet daher eine Funktion, die zur Aufgaben hat, das Führungssystem der Organisation hinreichend mit Informationen über das Ausführungssystem (sowohl die einzelnen
Phasen [Beschaffung, Fertigung, Absatz], als auch Objekte [Material, Personal, Anlagen])
zu versorgen. Um die hinreichend genaue Datenversorgung zu garantieren, hat das Controlling unmittelbar an Planungs- und Kontrollprozessen mitzuwirken. Zur Wahrnehmung
dieser Aufgaben ist es organisatorisch im Führungssystem des zu betrachteten Bereiches
verankert.[16]

2.3 Zusammenführung zum Projektcontrolling

Auf Basis der Definition von Horváth wird im Folgenden Projektcontrolling als „integrier-
tes System zur Planung, Steuerung und Kontrolle von Kosten, Terminen und Leistungen
eines Projektes"[17] verstanden. Im Gegensatz dazu lässt sich das Controlling von regel-

---

[11] Vgl. Kargl (2000b), S. 5f.
[12] Vgl. Zielasek (1995), S. 163.
[13] Vgl. Bramsemann (1993), S. 46.
[14] Horváth (1998), S.162.
[15] Vgl. Ebenda, S.167f.
[16] Vgl. Teichmann (1999), S. 8f.
[17] Krcmar (2000), S. 9.

mäßigen Prozessen, wie beispielsweise Planung und Durchführung einer laufenden Chargenproduktion, abgrenzen. Hauptkategorisierungsmerkmal des Projektcontrolling bildet daher die Zeitrestriktion und die Begrenzung der zur Verfügung gestellten Ressourcen.[18] Die Mehrzahl der Autoren lehnt sich zur Beschreibung der Projektcontrollingaufgaben an die Klassifizierung von Krcmar an. Er orientiert sich dabei an den Formalzielen der Unternehmensführung: *Effizienz* und *Effektivität* und erweitert diese in Hinsicht auf das Projektumfeld um die Sachziele: *Qualität, Funktionalität* und *Termineinhaltung.* Zur Zielerreichung werden die Aufgaben des Controlling in drei Gruppen gegliedert: Im Rahmen der Projektplanung gilt es den Projektrahmen durch Terminierung, Aufwandsschätzung und Zuordnung der Kosten abzustecken. Während der Struktursteuerung und Kontrolle werden diese Planungen für nächstfolgende Projektphasen detailliert erweitert, Soll-Ist Vergleiche durchgeführt und mittels einer Abweichungsanalyse Steuerungsmaßnahmen für die Projektleitung vorgeschlagen. Zur Informationsversorgung der Projektbeteiligten und für künftige Projekte obliegt dem Projektcontrolling die Aufgabe zur Führung von Erfahrungsdatenbanken und einer Projektdokumentation.[19] An diese Einheit aus Planung, Steuerung, Kontrolle und Informationsversorgung wird der Verfasser sein weiteres Vorgehen gliedern. Bei der Erfüllung dieser Aufgaben orientiert sich das Projektcontrolling nicht allein an der Projektrealisierungsphase (wie das Projektmanagement), sondern betrachtet auch die Vorstudien- und Nachkalkulationsphase.[20]

3. Durchführung und Methoden des Projektcontrolling

3.1 Ablaufmodell des Projektcontrolling

Ziel der Projektarbeit ist „die erfolgreiche Funktionalität des Software-Produktes unter Einhaltung einer angestrebten Funktionalität und Terminsetzung bei gleichzeitiger Wahrung der Wirtschaftlichkeit."[21] Durch das Projektcontrolling soll der sinnvolle und wirtschaftliche Ablauf des Projektes gesichert werden. Dabei sind die unterschiedlichen Teilaufgaben zu koordinieren, die *nach* der Projektentscheidung zu erfüllen sind. In der Projektplanung werden die obigen Ziele durch Plangrößen wie Termine, Aufwandsschätzungen und angestrebte Qualitätszustände bestimmt. Dabei ist es von besonderer Bedeutung, Projektzwischenziele zu definieren, um spätere Planfortschrittskontrollen bei Erreichung dieser zu gewährleisten. Diese so genannten Meilensteine sind Ausgangspunkt der Projektkontrolle, in der die Plangrößen mit aktuellen Ist-Werten verglichen werden. Sobald bei dem Soll-Ist-Vergleich Abweichungen festgestellt werden, sind diese entsprechend zu interpretieren und Steuerungsmaßnahmen vorzunehmen, die eine Projektfertigstellung innerhalb der angestrebten Planungsparameter gewährleisten. Sollten die Korrekturmaßnahmen keine hinreichende Wirkung erzielen, ist eine Zielrevision vorzunehmen. Für spätere Entscheidungen im Projektumfeld resp. der allgemeinen IT-Funktionen empfiehlt sich der Einsatz einer Erfahrungsdatenbank.[22] Der beschriebene Zyklus wird in

---

[18] Vgl. Teichmann (1999), S. 11.
[19] Vgl. Krcmar (2000), S.10; **übereinstimmend:** Horváth (1998), S. 708f.
[20] Vgl. Bramsemann (1993), S. 184.
[21] Krcmar (2000), S. 4.
[22] Vgl. Ebenda, S. 10f.

der Literatur meistens, angelehnt an einen physikalischen Schaltkreis, als Regelkreismodell bezeichnet.[23]

3.2 Spezielle Phasenmodelle im Bereich von IT-Projekten

Im Bereich von Projekten der Informationstechnologie werden die im vorigen Abschnitt vorgestellten Abläufe an ein Phasenkonzept angelehnt, welches das Projekt im Rahmen seiner Durchführung durchläuft. In der Theorie lassen sich hierbei drei Grundmodelle unterscheiden:

- Sequentielle Vorgehensmodelle,
- Parallel-sequentielle Vorgehensmodelle,
- Evolutionäre Vorgehensmodelle.[24]

Das sequentielle Vorgehensmodell[25], aufgrund seiner absteigenden Entwicklungsstufen der Systemverfeinerung auch Wasserfallmodell genannt, charakterisiert sich durch den schrittweisen Ablauf der einzelnen Phasen. Ein neuer Entwicklungszustand kann erst betreten werden, wenn der vorherige Zustand abgeschlossen oder zumindest hinreichend verfeinert worden ist. Dieser Abschluss einer Phase wird durch bestimmte Phasenergebnisse definiert, die als Fixpunkte oder Meilensteine bezeichnet werden.[26] Im Umfeld einer sich dynamisch entwickelten IT-Landschaft sind Rücksprünge auf die vorgelagerte Phase unumgänglich.[27] Hierbei hilft die oben vorgeschlagene Erfahrungsdatenbank, die Dokumente über die einzelnen Projektergebnisse beinhaltet. Ein mögliches Ablaufschema zeigt Kargl:

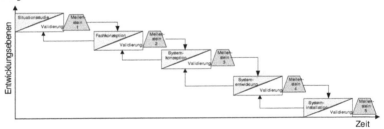

Abbildung 1 - Sequentielles Wasserfallmodell mit Meilensteinen
Quelle: Kargl (2000a), S. 163.

3.3 Aufgaben des Projektcontrolling für die Planungsphase

Nachdem die Entscheidung für ein Projekt gefallen ist, entspricht es der Definition des Projektcontrolling Planungsaufgaben zu erfüllen, die ein „zielorientiertes Handeln der Projektorganisation unterstützen."[28] Hierbei werden inhaltliche Planungsaspekte dem Projektmanagement zugeordnet, währenddessen die im Folgenden vorgestellten Aufgaben

---

[23] Vgl. Litke (1995), S. 168; **vertiefend:** siehe Gliederungspunkt 3.4.5.
[24] Vgl. Kargl (2000a), S. 163ff.
[25] Beim weiteren Vorgehen wird nur das sequentielle Modell vorgestellt. Einen Überblick über die Arten von Phasenmodellen bietet: Balzert (1998), S. 97ff.
[26] Vgl. Dunn (1993), S. 113ff.
[27] Vgl. Fink/Gutenschwager (2001), S. 1489ff.
[28] Kessler/Winkelhofer (1997), S. 161.

der Ablauf- und Aufwandsplanung mittels Unterstützung des Controlling vorgenommen werden.[29]

3.3.1 Struktur- und Ablaufplanung

Grundlage der Planung bildet der zeitlich-logische Rahmen des Phasenschemas. Die erste Aufgabe besteht darin, die inhaltlichen Aufgabenanforderungen zu strukturieren und diese den einzelnen Phasen zuzuordnen. Hierbei können die Aufgaben hierarchisch nach Verantwortungsträgern, ablauforientiert, also dem Prozess oder der Zeit unterliegend, oder lateral - nach Objekten - gegliedert werden. Das Ergebnis bildet der Projektstrukturplan.[30] Bei der Aufstellung bieten sich zwei Alternativen an: Der deduktive Ansatz (vom Allgemeinen auf das Spezielle ableitend) wird verwendet, wenn ein guter Projektüberblick gewährleistet ist. Bei relativ unüberschaubaren und besonders innovativen Aufgaben wird der induktive Ansatz empfohlen, der von einzelnen Teilaufgaben auf das Gesamtergebnis hinwirkt.[31] Die kleinste Einheit eines Strukturplanes sind die Arbeitspakete. Ihre Eineindeutigkeit wird durch die klar abzugrenzende Zielgröße und ihre geschlossene Delegation an eine Organisationseinheit definiert.[32] Um die zeitliche Planung der einzelnen Projektphasen vorzunehmen, wird die statische Struktur des Strukturplanes in eine dynamische Darstellung des Projektablaufes umgewandelt. Hierbei werden die Arbeitspakete nach ihrer zeitlichen Reihenfolge geordnet und Vorgänger-Nachfolgerbeziehungen aufgestellt. Durch die zeitliche Fixierung können nun Start- und Endtermine jedes Vorganges ermittelt werden. Zur Umsetzung dieser Verfahren bieten sich Balkendiagramme (auch Gantt-Diagramme) zur Verdeutlichung der zeitlichen Struktur des Projektes und vor allem die Netzplantechnik, zur Darstellung der inhaltlichen und zeitlichen Interdependenzen zwischen den Arbeitspaketen, an. Ziel der zweiten Methodik ist es, durch die zeitlichen Beziehungen der Arbeitspakete einen frühestmöglichen Endtermin (progressive Terminierung) oder einen spätestmöglichen Anfangstermin (retrograde Terminierung) zu ermitteln. Arbeitspakete, die während ihres Ablaufes keine Freiräume bieten, liegen auf einem kritischen Pfad, der während des Termincontrolling innerhalb der Vollzugsphase besonders zu beachten ist, da eine unmittelbare Endterminverschiebung drohen kann.[33]

3.3.2 Aufwandsplanung

Eine Hauptaufgabe des Projektcontrolling in der Planungsphase bildet die Aufwandschätzung und deren Grundlagenstellung für Personal- und Kostenplanung.[34] Diese wird zu Projektbeginn (um die Kosten-Nutzen Relation zu bestimmen), sowie während des Projektverlaufes, mit dem jeweils aktuellen Kenntnisstand durchgeführt. Hierbei erweisen sich die heterogenen Einflussfaktoren im Umfeld von IT-Projekten als besonders komplex. Zusätzlich behindern schwer vorhersehbare Problemfelder, bedingt durch einen ho-

---

[29] Vgl. Kessler/Winkelhofer (1997),, S. 163.
[30] Vgl. Schulte/Stumme (1998), S. 237ff.
[31] Vgl. Litke (1995),S. 96.
[32] Vgl. Ebenda, S. 97.
[33] Vgl. Teichmann (1999), S. 17. Auf eine detaillierte Darstellung der Netzplantechnik wird aufgrund des Rahmens dieser Arbeit verzichtet. Überblick über die Methodik und die einzelnen Netzplanarten bietet: Schwarze (1994), S. 97ff.
[34] Vgl. Diethelm (2000), S. 317; **übereinstimmend:** Horváth (1998), S. 711.

hen Innovationsgrad, eine hinreichend genaue Schätzung. Ausgangsbasis der Planung ist das vereinbarte Projektziel. Vorrangige Betrachtungsgrößen der Aufwandsplanung bilden hierbei jene Ressourcen, die den Hauptteil der Projektkosten darstellen.[35] Im Bereich von IT-Projekten ist dies vor allem der Personalaufwand.[36] In der Theorie unterscheidet man Verfahren zur Aufwandsermittlung hinsichtlich des Vergleiches mit anderen parallel laufenden oder vergangenen, ähnlich gelagerten Projekten (Analogie-, Relations-, Multiplikatormethode) oder der Schätzung von Kosteneinflussgrößen bzw. Kostenverteilung (Gewichtungs-, Schätzgleichungs-, Prozentsatzmethode). Dabei werden insbesondere Projektumfang, Programmqualität und Projektdauer als Bezugsgrößen verwendet. Problematisch bei allen Methoden sind die subjektive Einschätzung des oder der Schätzenden und der angenommene lineare Zusammenhang zwischen Bezugsgröße und Projektaufwand.[37] In Bezug auf Projekte im Softwareumfeld hat sich die sogenannte Function-Point-Methode bewährt, die einen funktionalen Zusammenhang zwischen dem Funktionsumfang der Anwendung und dem Projektaufwand herstellt. Der Funktionsumfang wird hierbei aus der Anzahl der Function Points (bewertete Funktionen wie Aufgaben und Datenbestände) ermittelt und über einen Korrekturfaktor – der zu erbringenden Qualität – gewichtet. Einsätze bei der IBM-Deutschland brachten maximale Abweichungen von $^+/.$ 15%.[38] Entscheidend ist jedoch die ständige Planevaluation – meist vor jeder neuen Teilphase resp. neuen Erkenntnissen – damit eine spätere Soll-Ist Analyse von den jeweils aktuellen Plandaten vorgenommen werden kann.[39]

Im Bereich von Projekten im Softwareumfeld kann eine allgemeine Lösung zur Ermittlung des Aufwandes resp. der Kosten nicht vorgeschlagen werden. Im Folgenden soll daher anhand von zwei Kategorisierungsmerkmalen Methodiken vorgeschlagen werden. So hat zum einen die Marktbezogenheit eines Projektes elementaren Einfluss auf die Kostenkalkulation. Handelt es sich um ein Projekt für einen externen Markt, so hat eine erlösorientierte Kostenrechnung zu erfolgen. Hierbei wird, bedingt durch eine hohe Kostenintensität, der Gewinn in ein Verhältnis zu dem vom Kunden akzeptierten Preis gebracht. Das Konzept der Zielkostenrechnung (Target Costing) betrachtet beispielsweise dabei die Marge zwischen durchsetzbaren Kundenpreis und entstehenden Kosten und leitet so den Gewinn ab.[40] Interne IT-Entwicklungsprojekte stellen hingegen unternehmensbezogene Fixkosten dar. Überdies unterliegen sie, als selbsterstellte immaterielle Vermögensgegenstände, nach §248 II HGB einem Aktivierungsverbot.[41] Hierbei ist daher entscheidend, dass man kein heterogenes Produkt für einen Gesamtmarkt, sondern ein spezifisches Einzelprodukt mit minimalen Ressourcenaufwand bei gegebener Endqualität erstellt werden muss.

---

[35] Vgl. Litke (1995), S. 116f.
[36] Vgl. Fink/Gutenschwager (2001), S. 1490.
[37] Vgl. Horváth (1998), S.709; **vertiefend:** Litke (1996), S. 33-37.
[38] Vgl. Litke (1995), S. 122ff.
[39] Vgl. Zielasek (1995), S. 170.
[40] Vgl. Diethelm (2000), S. 321f.; vertiefende Darstellung des Target Costing in: Baumöl (2000).
[41] Vgl. Wöhe (1992), S. 715f.; **Anm.:** Im Gegensatz hierzu besteht bei Bilanzierung nach den International Accounting Standards eine Aktivierungspflicht nach IAS 38; vgl. Wöhe (2000), S. 1021.

Dazu eignet sich die *Design-to-Cost* Methodik, die einen relativ festen Kostenrahmen vorgibt. Hieran hat sich die Funktionalität des Produktes anzulehnen. Diese Theorie beruft sich auf eine Studie von Mills, die ergab, dass mit ca. 20% des Codeumfanges einer IT-Anwendung ca. 80% der notwendigen Funktionen abgedeckt werden.[42]

Bei Projekten mit bereits bekannten Anforderungen wird eine vom Projektstrukturplan ausgehende *Top-Down* Methodik vorgeschlagen. Hierbei wird, durch Vergleich mit gleichartigen Projekten, der Gesamtaufwand für das Projekt geschätzt. Nun ist es die Aufgabe des Projektcontrolling, diese bis auf die einzelnen Arbeitspakete zu verteilen.[43] Dabei werden alle Kosten berücksichtigt, die im Rahmen der Erstellung des Systems anfallen. Lassen sich hierbei Kosten nicht einem Kostenträgerpaket zuordnen, werden sie einem übergeordneten Strukturelement zugerechnet. Dies ist besonders bei Sachaufwendungen (z.B. Lizenzkosten) der Fall.[44] Hingegen werden bei IT-Projekten mit relativ unbekanntem Charakter *Bottom-up* Methodiken verwendet. Hierbei wird die Kostenschätzung je Aufwandspaket vorgenommen und auf das Gesamtziel hochgerechnet. Dabei gilt, dass diese Methode umso genauer ist, je detaillierter die Gliederung des Projektstrukturplanes erfolgt.[45] Für die Kalkulation der Kosten je Arbeitspaket dient die Ressourcenplanung seitens des Projektmanagements als Grundlage. Dabei werden für interne Ressourcen die geschätzten Zeiten mit einem Stundenverrechnungssatz für die Mitarbeiter bewertet[46], bei externen Beratern sind hinreichende Schätzungen des Stundensatzes vorzunehmen. Gleiches gilt für weitere Aufwendungen wie Hardwarekosten, Reisekosten, Raumkosten, die, je nach Zurechenbarkeit, den Arbeitspaketen oder dem Projekt insgesamt zugerechnet werden.[47] Abbildung 2 verdeutlicht die bisherigen Ergebnisse:

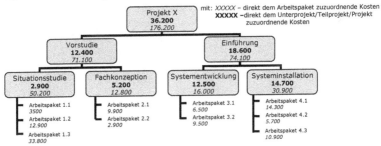

Abbildung 2 - Kostenschätzung im Projektstrukturplan und in Betrachtung des Entwicklungszyklus
Quelle: Schwarze (1994), S. 192.

---

[42] Vgl. Mills (1976): Software Developement, in: IEEE; Transactions on Software Engineering, o.O. 1976, zitiert nach Schelle (2000), S. 4.
[43] Vgl. Diethelm (2000), S. 315.
[44] Vgl. Litke (1995), S. 132.
[45] Vgl. Schelle (2000), S. 7.
[46] Dabei werden die fixen Personal- und Gemeinkosten über einen Stundenschlüssel bewertet und so für die Kostenkalkulation variabel gemacht; vgl. Teichmann (1999), S. 20.
[47] Vgl. Ebenda, S. 19.

3.4 Projektsteuerung und –controlling in der Vollzugsphase

3.4.1 Zuordnung der Aufgaben im Rahmen der Vollzugsphase

In der Vollzugsphase erfolgt eine regelmäßige Gegenüberstellung von den in der Planung festgelegten Plan-Werten mit den tatsächlich eingetreten Ist-Werten.[48] Dies erfolgt mindestens am Ende eines Phasenabschnittes[49], in der Regel jedoch häufiger. Grundlage der Projektüberwachung bilden hierbei die Planungspakete. Erst wenn diese ihren definierten Sollzustand erreicht haben, kann eine Kontrolle vorgenommen werden.[50] Dabei gelten folgende vier Dimensionen als Überwachungsparameter:

- Leistungsumfang/Funktionalität,
- Qualität,
- Zeit,
- Aufwand/Kosten.[51]

Ein als Regelkreismodell angelegtes Projektcontrolling wird hierbei diese Größen zyklisch erfassen, die Werte mit den Planungsparametern vergleichen und Abweichungen lokalisieren. Um eine Interpretation dieser Werte durchzuführen, sind die Interdependenzen der Zielgrößen zu beachten.[52] Eine überdurchschnittliche Kostenabweichung muss nicht Unwirtschaftlichkeit als Ursache haben, sondern kann beispielsweise durch eine Leistungsumfangsanpassung begründet sein. Im Folgenden werden die einzelnen Controllingobjekte vorgestellt und Möglichkeiten der Abweichungsanalyse aufgezeigt. Hierbei ist es entscheidend, rechtzeitige Plan-Ist Vergleiche durchzuführen, um frühzeitig Abweichungen festzustellen. Dabei liefert eine detaillierte Planung der Arbeitspakete unmittelbaren Nutzen für das Projektcontrolling. Hierdurch können Abweichungen der jeweiligen Kontrollgröße schneller erkannt und daher auch früher gegensteuernde Maßnahmen eingeleitet werden.[53] Abbildung 3 verdeutlicht diesen Zusammenhang:

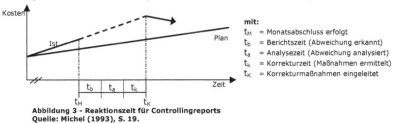

mit:
t_M = Monatsabschluss erfolgt
t_b = Berichtszeit (Abweichung erkannt)
t_a = Analysezeit (Abweichung analysiert)
t_k = Korrekturzeit (Maßnahmen ermittelt)
t_K = Korrekturmaßnahmen eingeleitet

Abbildung 3 - Reaktionszeit für Controllingreports
Quelle: Michel (1993), S. 19.

3.4.2 Controlling des Projektgegenstandes

Wie im vorigen Abschnitt beschrieben, gehören Leistungs- und Qualitätsüberwachung in den Rahmen des IT-Controlling. Dabei ist die Validation (Entwickle ich das *richtige*

---

[48] Vgl. Burghardt (2000), S. 324ff.
[49] Siehe Gliederungspunkt 3.2.
[50] Vgl. Litke (1995), S. 159.
[51] Vgl. Kütz (2000), S. 357.
[52] Vgl. Wedelstaedt (2001), S. 4.
[53] Vgl. Burghardt (2000), S. 324.

Produkt?) untrennbar mit der Verifikation (Entwickle ich das Produkt *richtig*?) verbunden.[54] Neben den funktionellen Anforderungen an ein Software-Produkt hat die Einhaltung von Qualitätsstandards oberste Priorität. Grundsätzlich sind IT-Produkte nie fehlerfrei. Jedoch sind ihre Fehler, insb. solche, die zu Systemausfällen führen können, durch ausführliche Qualitätskontrollen zu minimieren. Der Nutzen zeigt sich in der Betrachtung von Systemausfallkosten: So bezifferte die Cideon AG die Kosten je Stunde für ein Unternehmen der Energiebranche auf 2.817.846 $.[55] Eine Studie der Computerwoche ergab für Retail Broker Systeme sogar Ausfallkosten/Stunde i.H.v. 6.450.000 $.[56] Daher leitet sich Qualitätsprüfung als ein Überwachungsobjekt für das Projektcontrolling ab. Der Begriff Qualität wird durch die DIN 55 350 als „Beschaffenheit einer Einheit bezüglich ihrer Eignung, festgelegte und vorausgesetzte Erfordernisse zu erfüllen" definiert.[57] Diesbezüglich werden nach ISO 9 126 folgende Merkmale in Bezug auf Software-Qualität präzisiert[58]:

o *FUNKTIONALITÄT:*   die Funktionen sollen im Rahmen ihrer spezifizierten
                  Eigenschaften arbeiten,

o *ZUVERLÄSSIGKEIT:* die Software muss ihr Leistungsniveau unter festgelegten
                  Bedingungen über einen bestimmten Zeitraum erfüllen,

o *BENUTZBARKEIT:*   Aufwand der zur Nutzung des Softwareproduktes erforderlich ist,

o *EFFIZIENZ:*   Verhältnis zwischen dem Leistungsniveau der Software und dem
                  Umfang der eingesetzten Betriebsmittel,

o *ÄNDERBARKEIT:*   notwendiger Aufwand zur Durchführung von
                  Änderungsmaßnahmen,

o *ÜBERTRAGBARKEIT:* Eignung der Umgebungsübertragung der Software in eine
                  andere.

Diese Qualitätsanforderungen werden im Rahmen von Projektaudits und insb. durch Qualitätsgruppen überprüft. Die Audits gewährleisten hierbei die ordnungsgemäße Anwendung der Qualitätsverfahren, während es die Aufgabe der Qualitätsgruppe ist, die Produktqualität durch Optimierung der entwickelten Prozessabläufe zu verbessern. Im Rahmen des IT-Projektes werden hierzu Funktionstests durchgeführt, die jedoch nicht in den Aufgabenbereich des Projektcontrolling fallen, sondern seitens der Entwicklungs- und Qualitätsprüfungsabteilung ausgeführt werden. Überdies sind unternehmensweite Qualitätsnormen zu befolgen, welche eine Verifikation des IT-Projektes im Rahmen der Unternehmenssicht gewährleisten.[59] Im Rahmen der Sachfortschrittskontrolle differenziert man zwischen *Produkt*fortschritt und *Projekt*fortschritt. Die erste Messgröße analysiert den technischen Fortschritt des IT-Produktes, während die zweite die Entwicklung der Planparameter kontrolliert. Im Rahmen des *Produkt*fortschrittes sind zum einen die ursprünglichen Anforderungen zu evaluieren. Hierbei ist zu überprüfen, ob die anfänglichen Ansprüche unter Beachtung aktueller technischer Entwicklungen und Tendenzen

---

[54] Vgl. Burghardt (2000), S. 379.
[55] Vgl. Internetquelle 1.
[56] Vgl. Kütz (2000), S. 379.
[57] Vgl. Burghardt (2000), S. 380.
[58] Vgl. Kargl (2000a), S.172; **übereinstimmend:** Kütz (2000), S. 366f.
[59] Vgl. Burghard (2000), S. 383-416; als Beispiel seien die ISO 9000ff Normen genannt.

noch das richtige Ziel verfolgen. Gerade im Bereich von IT-Projekten sind durch kurze Lebenszyklen von Anwendungssystemen Zielkorrekturen unabdingbar.[60] Überdies sind zudem die bisherigen technischen Entwicklungen in ihrem Fortschritt zu bewerten. So können beispielsweise in Software-Modulen bestimmte Inputfaktoren definiert sein. Erst wenn diese vollständig implementiert sind, kann dieses Modul als fertig angesehen und somit weiterentwickelt werden.[61] Der *Projekt*fortschritt definiert sich aus dem Quotienten aus fertigem und gesamtem Arbeitsvolumen. Dieser Fertigstellungsgrad kann sowohl **relativ** (zu welchem Prozentsatz sind *alle* Arbeitspakete im Verhältnis zu ihren Aufwandsvolumina abgeschlossen) als auch **absolut** (*wie viel* Prozent aller Arbeitspakete sind vollkommen abgeschlossen) angegeben werden.[62] Die Maßnahmen zur Verfolgung der Validation werden im Rahmen von Projektreviews durch Projektcontrolling und – management verfolgt.[63]

3.4.3 Terminkontrolle

3.4.3.1 Vorgehen der Terminüberprüfung

Die beschriebene Sachfortschrittsanalyse findet unmittelbaren Eingang in die Terminkontrolle. Hierbei werden fertig gestellte Arbeitspakete, die überdies den festgelegten Qualitätsnormen entsprechen, hinsichtlich ihrer Termineinhaltung kontrolliert. Diese zeitpunktbezogene (*statische*) Betrachtung der Termine erfolgt durch Vergleich der Planungswerte mit den aktuellen Istwerten.[64] Jedoch erfüllt eine solche Analyse lediglich die Kontrollaufgabe des Projektcontrolling, eine frühzeitige Steuerung von Terminabweichungen ist durch das oben beschriebene Time-lag[65] unumgänglich. Daher ist durch das Projektcontrolling ein Rückmeldewesen zu implementieren, welches frühzeitig eruiert, ob bei den zuständigen Stellen die jeweiligen Arbeitspakete innerhalb vorgeschriebener Parameter abgewickelt werden, oder ob es zu positiven resp. negativen Abweichungen kommt. Hierbei empfiehlt es sich, mit den rückmeldenden Einheiten Feedbackzyklen zu vereinbaren, die Zeitrhythmus und Daten definieren.[66] Entstehen Terminabweichungen sind diese im Netzplan auszuwerten. Hierbei sind die Pufferzeiten des Vorganges entscheidend. Besitzt der abweichende Vorgang eine *Gesamtpufferzeit*, so heißt dies, dass er um diese Zeit verzögert werden kann, ohne den Endtermin zu verschieben. Die *freie Pufferzeit* eines Vorganges beschreibt hingegen die Zeitspanne, um die er in seiner frühesten Anfangszeit verschoben werden kann, ohne dass die früheste Anfangszeit anderer Vorgänge beeinträchtigt wird.[67] Wird dieser Rahmen überschritten, sind die Interdependenzen auf nachfolgende Vorgänge zu prognostizieren. Überdies haben Terminänderung direkte Auswirkungen auf die Projektkapazitäten. Diese wechselseitige Abhängigkeit ist durch

---

[60] Vgl. Burghard (2000), S. 363.
[61] Vgl. Dunn (1993), S. 130.
[62] Vgl. Burghardt (2000), S. 366.
[63] Vgl. Kargl (2000b), S. 183ff.
[64] Vgl. Litke (1995), S. 160f.
[65] Siehe Abbildung 3.
[66] Vgl. Burghard (2000), S. 325ff.
[67] Vgl. Diethelm (2000), S. 362ff.; auf die Begriffe freie Rückwärtspufferzeit resp. unabhängige Pufferzeit sei an gleiche Stelle verwiesen.

das Management zu steuern.[68] Um eine Überwachung der Termintreue kritischer Termine zu gewährleisten, werden so genannte Trendanalysen zum Plan-Plan Vergleich eingesetzt, von denen im Folgenden die Meilensteintrendanalyse näher vorgestellt werden soll.

3.4.3.2 Die Meilensteintrendanalyse

Diese Trendanalyse lässt sich im Prinzip für alle Arbeitspakete vornehmen, in der Regel konzentriert man sich jedoch auf „Ereignisse besonderer Bedeutung im Projekt, die Repräsentanten des Projektfortschrittes darstellen und zu bestimmten Terminen stattfinden sollen."[69] Im Rahmen von IT-Projekten können dies beispielsweise die im Kapital 3.2 vorgestellten Phasenendtermine sein. Nachdem diese Termine definiert wurden, wird in periodisch definierten Zyklen überprüft, ob die Plantermine gehalten werden können oder zu welchen früheren oder späteren Terminen mit einem vollständigen Abschluss gerechnet werden kann. Wie in Abbildung 4 veranschaulicht wird dieser Plan-Plan Vergleich grafisch in einem rechtwinkligen, gleichschenkligen Dreieck dargestellt. Hierbei werden auf der Horizontalen die zyklischen Berichtszeitpunkte, auf der Vertikalen die Meilensteine mit ihren geplanten Terminen eingetragen. Diese relativ übersichtliche Darstellung hilft, rechtzeitig Terminabweichungen zu erkennen und ihre Auswirkungen direkt ablesbar zu machen. Daher spricht man dieser Methodik eine hohe Motivationswirkung hinsichtlich der Durchführung von Korrekturmaßnahmen zu. Unabdingbar sind in diesem Zusammenhang genaue Beschreibungen der Abweichungsursachen.[70]

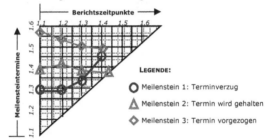

Abbildung 4 – Meilensteintrendanalyse
Quelle: Eigene Darstellung, in Anlehnung an: Albert/Högsdal (2000), S. 2.

Die in der Abbildung dargestellten Termine lassen sich wie folgt interpretieren: Meilenstein 1 wurde bis kurz vor der Realisierung als planmäßig kategorisiert. Am Ende wurde jedoch eine schlagartig erhebliche Terminverschiebung bemerkt. Dieses Abbild wird als *Trendwende-Verlauf* bezeichnet und verdeutlicht die Nichtbeachtung der Hauptanforderung der Meilensteintrendanalyse: eine frühzeitig, realistische Terminaussage, die rechtzeitige Steuerungseingriffe ermöglicht. Meilenstein 2 bildet einen *normalen Verlauf* ab, der durch das Projektcontrolling angestrebt wird. Geringe Terminverschiebungen werden zeitig erkannt und Korrekturmaßnahmen zur geplanten Zielerreichung eingelei-

---

[68] Vgl. Zielasek (1995), S. 180.
[69] Albert/ Högsdal (2000), S. 1.
[70] Vgl. Teichmann (1999), S. 27.

tet. Weist, wie bei Meilenstein 3, die Planevaluation einen *fallenden Verlauf* auf, so muss eine zu sichere Planung angenommen werden, die ebenfalls zu vermeiden ist, da sonst Motivationsprobleme bei den Mitarbeitern die Folge sein können.[71] Die Meilensteintrend-analyse bietet überdies die Möglichkeit, mittels einer Kombination zwischen Termin- und Kostenkontrolle eine aussagekräftige Darstellung von zwei projektkritischen Größen vor-zunehmen, um so die Kostentwicklung in Relation zum Projektfortschritt aufzuzeigen.[72] Die Betrachtung der Kosten wird im Folgenden beschrieben.

3.4.4 Kostenkontrolle

3.4.4.1 Grundlagen der Kostenkontrolle

Bedingt durch seine hohe Bedeutung im Rahmen des Projektcontrolling bildeten sich eine Vielzahl von Theorien hinsichtlich der Kostenkontrolle. Grundlage für alle Methoden bildet die Projektkostenrechnung. Diese geht in der Ist-Datenerfassung nicht, wie in der Pro-jektplanungsphase, von einzelnen Arbeitspaketen aus, sondern erfasst die Daten nach dem Schema der traditionellen Kostenrechnung.[73] Hierbei wird die Kostenerfassung in die klassischen drei Phasen kaskadiert: Sämtliche Kosten werden in der Kostenartenrech-nung erfasst und nach Einzel- und Gemeinkosten gegliedert. Die Gemeinkosten werden nun, unter der Maxime des Verursachungsprinzips, in der Kostenstellenrechnung auf die einzelnen Kostenstellen zugeordnet. Die daraus resultierenden Verrechnungssätze wer-den, zusätzlich zu den direkt verrechenbaren Einzelkosten, in der Kostenträgerrechnung den Teilprojekten resp. dem Gesamtprojekt, je nach Beanspruchung, zugerechnet.[74]

Die Ist-Datenerfassung erfolgt hierbei im Rahmen des betrieblichen Rechnungswesens. Daher hat sich der Kostenüberwachungszyklus eines Projektes an den Rhythmus der Er-fassung der Betriebskosten anzupassen.[75] Im Folgenden wird daher auch nur auf die Analyse der Kostendaten anhand zweier Methoden, die sich in Effizienz und Aufwand stark unterscheiden, eingegangen. Bei der Ermittlung der Daten sei auf unten aufgeführ-te Literatur verwiesen.[76]

3.4.4.2 Der Plan-Ist Vergleich

In der Grundform werden die tatsächlich angefallenen Istkosten (der Ist-Leistung) erfasst und den Plankosten gegenübergestellt. Dies erfolgt idealerweise auf Basis eines plankor-rigierenden Plan/Ist Vergleichs. Hierbei werden zusätzlich zu den Plankosten die Restkos-ten des Projektes geschätzt.[77] Diese Frühwarnfunktion trägt dazu bei, rechtzeitig Planre-visionen vorzunehmen. Als Ergebnis lassen sich die *cost at completion* – die Prognose

---

[71] Vgl. Burghardt (2000), S. 336.
[72] Vgl. Ochß/Bayerlein (2000), S. 51.
[73] Vgl. Diethelm (2000), S. 315f.
[74] Vgl. Haberstock (1998), S.53f., den Aufbau anhand Projekten beschreibt: Diethelm (2000), S. 315.
[75] Vgl. Litke (1995), S. 163.
[76] Neben den Grundlagen der Kostenrechnung, zu finden in Haberstock (1998), bietet Burghardt (2000), S. 342ff. einen detaillierten Überblick über die Kostenerfassung in Projekten, insb. zur Ermittlung von internen Stundenverrechnungssätzen.
[77] Vgl. Burghardt (2000), S. 350ff.

über die voraussichtlichen Projektkosten am Ende des Projektes - ableiten.[78] Die Differenz aus Istkosten und Plankosten wird als Budgetabweichung erfasst. Zur Ermittlung der Verantwortung dieser sind Preisabweichungen ggü. der Plankalkulation abzuziehen, ebenso Kosten, die durch Veränderungen der ursprünglich geforderten Projektleistung seitens des Auftraggebers (*change-oder cost*) entstanden sind.[79] Der Vorteil dieser Methodik besteht in Ihrer einfachen Anwendbarkeit. Jedoch entstehen auch gravierende Nachteile: die Kontrolle erfolgt zwar zeitbezogen, beachtet jedoch nicht die Termin- oder Leistungsplanung des Softwareprojektes.[80] So kann nicht beurteilt werden, ob eine Kostenabweichung auf einer Überziehung oder einer Ersparnis bei gegebenem Leistungsstand beruht. Eine Kostenüberschreitung kann beispielsweise eine Unwirtschaftlichkeit aufzeigen aber auch eine überplanmäßige Leistungsentwicklung als Ursache haben. Auf Basis dieser Nachteile soll im Folgenden die Earned Value Analyse (EVA) zum wirkungsvollen Kostencontrolling vorgestellt werden.

3.4.4.3 Die Earned Value Analyse

Die Earned Value Analyse verfolgt das Ziel, „den Fortschritt eines Projektes zu jedem Zeitpunkt messbar und prognostizierbar zu machen"[81] und wurde Anfang der 60er Jahre als Kontrollverfahren der US Airforce entwickelt. Dabei bietet sie eine aussagefähige Analyse der Projektkosten über die Projektlaufzeit und besitzt überdies den Vorteil, gewonnene Erfahrungen auf vergleichbare Projekte zu übertragen. Sie stützt sich in Ihrer Analyse auf drei Basiskennzahlen: den **Planwert** (Budget Cost of Work Scheduled), den **Istwert** (Actual Cost of Work Perfomed) und den **Sollwert** (Budgeted Cost of Work Performed oder Earned Value).[82] Die Sollkosten entsprechen den Kosten, die für eine gegebene Leistung planmäßig hätten anfallen dürfen und ermitteln sich aus: Sollkosten = Plankosten pro Leistungseinheit × Istleistung. Sie garantieren die richtige Interpretation der festgestellten Abweichungen durch Bezugnahme auf den Leistungsfortschritt des Projektes.[83]

Um diese Analyse vornehmen zu können betrachtet die EVA zwei Differenzen, die sich, im Gegensatz zu dem Plan-Ist Vergleich, auf die Sollkosten beziehen. Die Abweichung, die zwischen den Istkosten und den Sollkosten entsteht, wird als **Kostenabweichung** (Cost Variance) interpretiert. Hierbei gilt, dass wenn der Sollwert über dem Istwert liegt, die Kosten für den bisherigen Projektfortschritt niedriger sind als geplant. Wird diese Entwicklung fortgesetzt, kann mit geringeren Kosten für die Fertigstellung des Projektes gerechnet werden. Die Differenz zwischen den Sollkosten und den Plankosten wird als **Leistungsabweichung** (Schedule Variance) bezeichnet.[84] Schelle stellt die gleiche Abweichung über die Ermittlung von Sollkosten der *Soll*-Leistung als Differenz zur

---

[78] Vgl. Schelle (2000), S. 31.
[79] Vgl. Teichmann (1999), S. 28.
[80] Vgl. Burghardt (2000), S. 354.
[81] Walenta (2001), S. 1.
[82] Vgl. Walenta (2001), S. 1ff..
[83] Vgl. Fiedler (2001), S. 113.
[84] Vgl. Walenta (2001), S. 4f.

Istleistung dar.[85] Liegen hierbei die Sollkosten über den Plankosten ist der Projektfortschritt höher als in der Planung zu diesem Zeitpunkt angenommen wurde. Bei einer Fortführung dieser Tendenz ist mit einem frühzeitigen Projektabschluss zu rechnen. Das EVA-Konzept bietet nun hierbei Techniken, diese Abweichungsanalysen auf das Projektende zu projizieren. Um die **geschätzte Gesamtdauer** (*time at completion*) zu ermitteln wird der Quotient aus Sollkosten und Plankosten gebildet. Dieser Wert wird als Leistungsindex (Schedule Performance Index (SPI) resp. Leistungseffizienzfaktor) bezeichnet. Erhält man als Ergebnis beispielsweise 0,75, so bedeutet dies, dass das Projekt 15% weniger an Resultaten erreicht hat, als laut Planung kalkuliert.[86] Wird nun gesamte geschätzte Plandauer durch diesen Quotienten geteilt, ermittelt sich die voraussichtliche Gesamtdauer des Projektes. Die **vermutlichen Gesamtkosten** (*cost at completion)* des Projektes leiten sich über den Kostenindex (Cost Performance Index (CPI) resp. Kosteneffizienzfaktor) ab. Hierbei wird der Quotient aus Istkosten und Sollkosten gebildet. Beträgt dieser Wert wie im Beispiel 2,967, so wurde das bisherig erbrachte Ergebnis mit erheblich höheren Kosten (nämlich über 196%) als geplant realisiert. Die voraussichtlichen Gesamtkosten ermitteln sich aus Multiplikation dieses Quotienten mit den gesamten Plankosten.[87] Um diese effiziente Analyse des Projektfortschrittes vorzunehmen, hat das Project Management Institute (PMI) Standardvoraussetzung für den Einsatz der EVA festgestellt, deren Kernpunkte bereits in der oben beschriebenen Projektplanung umgesetzt wurden (Aufteilen des Projektes in hierarchischer Projektstruktur, Definition von Arbeitspaketen und Zuweisung zu eindeutigen Verantwortungsbereichen, Ermittlung von Abhängigkeiten der Tätigkeiten und Festlegung einer Reihenfolge und Schätzung des Aufwandes und der Dauer der Tätigkeiten). Überdies ist der Projektumfang (Scope) eindeutig festzulegen und abzugrenzen.[88] Dieser Aufwand wird hinreichend belohnt. So ergab eine Studie von über 700 Projekten, dass die Kosten- und Leistungseffizienz von Projekten nach rund 15% der Projektlaufzeit stabil vorhergesagt werden konnte. Somit wird garantiert, dass Budget- und Terminabweichungen schon frühzeitig erkannt und rechtzeitig Steuerungsmaßnahmen eingeleitet werden können.[89] Zur Verdeutlichung soll folgendes Beispiel dienen:

Tabelle 1: Earned Value Analyse
Quelle: Angelehnt an Walenta (2001),

$$Leistungsindex = \frac{Sollkosten}{Plankosten} = \frac{120\,GE}{160\,GE} = 0,75$$

$$Time\ at\ Completion = \frac{Gesamtdauer_{geplant}}{Leistungsindex} = \frac{5\,ZE}{0,75} = 6,67\,ZE$$

$$Kostenindex = \frac{Istkosten}{Sollkosten} = \frac{356\,GE}{120\,GE} = 2,967$$

$$Cost\ at\ Completion = Gesamtkosten_{geplant} \cdot Kostenindex$$
$$= 510\,GE \cdot 2,967 = 1513,017\,GE$$

Formel 1: Kosten- und Terminprognose
Quelle: Angelehnt an Fiedler (2001), S. 115.

Monate	Planaufwand / BCWS	Ist-Aufwand / ACWP	erbrachte Leistung / BCWP	geschätzter Restaufwand	Terminabweichung	Kostenabweichung
Monat 1	10	5	5	5	-5	0
Monat 2	40	15	20	25	-20	5
Monat 3	50	30	46	20	-4	16
Monat 4	160	356	120	-196	-40	-236
Monat 5	250			250		
Gesamt	510	406	191	104	-69	-215

---

[85] Vgl. Schelle (2000), S. 34ff.
[86] Vgl. Walenta (2001), S. 5.
[87] Vgl. Fiedler (2001), S. 114.
[88] Vgl. Walenta (2001), S. 2.
[89] Vgl. Ebenda, S. 7.

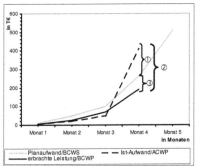

mit:

① = GESAMTABWEICHUNG *(Plan-Ist Vergleich)*

② = KOSTENABWEICHUNG

③ = LEISTUNGSABWEICHUNG

Abbildung 5 - Kostenverlauf Plan-, Ist-, und Sollkosten
Quelle: Angelehnt an Walenta (2001), S. 4.

3.4.4.4 Kostenwirtschaftlichkeit

Die Kostenkontrolle selbst hat ihre Aufgabe unter dem Kriterium der Wirtschaftlichkeit zu erfüllen.[90] Je detaillierter die Gliederung eines Projektes vorgenommen wird, desto höher ist der Aufwand für die Planung der Kosten, die Ermittlung der Istwerte und der Interpretation der Abweichungsergebnisse. Aus Wirtschaftlichkeitsgründen sind daher Ungenauigkeiten in einem kontrollierbaren Rahmen akzeptabel, wenn diese auf Basis von weniger detaillierten Plan- und Kontrollmethoden hervortreten.[91] Jedoch definieren sich Projekte anhand ihrer Einmaligkeit, was für eine ungenaue Kostenschätzung fatale Folgen haben kann. Wenn sich folgende Entwicklungen nicht vorhersagen lassen können, sind massive Abweichungen möglich, die sich nicht frühzeitig darstellen. Für IT-Projekte sind daher folgende Faustregeln hilfreich: Im Rahmen von Eigenentwicklungsprojekten sollten innovative Projekte mit hinreichend genauen Planungs- und Kontrollmechanismen bedacht werden, hingegen genügt für Äquivalenzprojekte (Migration von SW-Systemen) eher ein detailärmeres Controlling. Werden Projekte mitarbeiterintensiv betrieben, ist das Projektcontrolling aufwandsbezogen vorzunehmen. Das heißt, dass durch eine Kontrolle der Termine eines Projektes hinreichend genaue Vorhersagen bezüglich der korrelierenden Personalkostensätze gemacht werden können. Dies ist bei den meisten IT-Projekten der Fall. Hingegen sollten Projekte, bei denen ein hoher Kostenanteil nicht durch Personalaufwand anfällt, auf eine detaillierte Kostenplanung setzen.[92] Eine allgemeingültige Aussage stellt dies jedoch nicht dar und sollte individuell für jedes Projekt überprüft werden.

3.4.5 Berichtswesen seitens des Projektcontrolling

Das Berichtswesen ist das Bindestück zwischen dem Projektcontrolling und den Rezipienten der Datenanalyse des Projektes. Hierbei ist eine Metapher von Wedelstaedt anschaulich, der den Projektcontroller mit dem Lotsen eines Schiffes vergleicht, welcher den

---

[90] Vgl. Freidank (1997), S. 91ff.
[91] Vgl. Schelle (2000), S. 38.
[92] Vgl. Walenta (2001), S. 7.

Fahrweg dokumentiert und Ratschläge hinsichtlich des günstigsten Weges zur Vermeidung von Untiefen liefert, wohingegen die Führung des Schiffes allein bei der Projektleitung liegt.[93] In diesem Rahmen soll die folgende Grafik die bisherigen Erkenntnisse in den Rahmen des Regelkreismodells des Projektcontrollings aufzeigen (exklusive Projektsteuerung), um darauf aufbauend die Anforderung des Projektcontrolling innerhalb der Projektsteuerung zu erläutern:

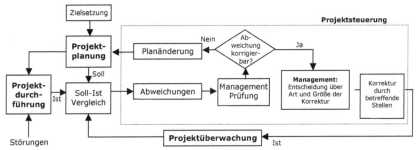

Abbildung 6 - Regelkreis Projektcontrolling
Quelle: Zielasek (1995), S. 175.

Nachdem der Soll-Ist Vergleich getätigt und potentielle Abweichungen festgestellt wurden, ist es Aufgabe des Projektcontrolling, diese zu analysieren. Generell sind in allen drei Zielkategorien folgende Ursachen denkbar:

- Planungsdifferenzen (z.B. durch ungenaue Planungsmethodiken, unzureichende Erfahrung).
- Änderungen des Projektziels (besonders bei IT-Projekten durch Innovationen).
- Mangelhafte Arbeitsausführung (z.B. ungenügende Qualität der Ergebnisse).[94]

Der Projektleitung obliegt es, Korrekturmaßnahmen resp. Planrevisionen vorzunehmen. Überdies müssen die Informationsbedürfnisse der Projektbeteiligten hinreichend befriedigt werden. Hierbei ist zwischen *projektinternen* und *projektexternen* Rezipienten zu unterscheiden. Zu den *projektinternen* Mitarbeitern zählen neben der Projektleitung auch die Projektmitarbeiter, die durch einen Gesamtüberblick über das Projekt in ihrer Motivation und Kooperationsbereitschaft gefördert werden sollen. Die *projektexternen* Projektbeteiligten müssen hingegen besonders informiert werden. Zum einen müssen projektbeteiligte Dienstleistungsstellen über den Projektinhalt und –fortschritt detaillierte Informationen erhalten, um so dem Projekt effektiv zuarbeiten zu können.[95] Zum anderen liegt ein Hauptschwerpunkt in der Information der Auftraggeber, also des Steuerkreises und der Bereichsleitung. So besteht zur aktiven Steuerung von Projektphasenergebnissen meistens ein Vorbehaltsrecht des Lenkungsausschusses. Auch eine Veränderung der Projektplanung oder sogar eine Anpassung des Projektzieles erfolgt nur nach Zustimmung

---

[93] Vgl. Wedelstaedt (2001), S. 2.
[94] Vgl. Litke (1995), S. 158.
[95] Vgl. Burghardt (2000), S. 432.

der übergeordneten Gremien.[96] Dabei sind an diese Zielgruppe stark verdichtete Informationsanalysen zu melden. Hierbei ist eine Gliederung der Informationskette hilfreich. Michel schlägt hierbei eine Kategorisierung von Meldungen in Abhängigkeit von der Kostenabweichung vor:

Tabelle 2: Alarmfunktion Projektcontrolling

Kritische Phase	% Abweichung vom Budget	Adressat	Mindestdauer der Abweichung	Form der Information
Vorwarnung	1	Sachbearbeiter	1 Dekade	Dialog
Warnung	2	Abteilungsleiter	1 Woche	Zwangsinfo
Ausnahme-Info	5	Spartenleiter	1 Dekade	Zwangsinfo
Alarm-Info	10	Top-Management	1 Monat	Bericht

Quelle: Michel (1993), S. 110.

Projektberichte lassen sich in zwei Arten unterteilen. Der **Projektfortschrittsbericht** informiert die Entscheidungsgremien über den aktuellen Stand. Er beinhaltet die aktuellen Ist-Situationen hinsichtlich Sach-, Termin- und Kostenfortschritt und über aufgetretene Probleme und Risiken. Die **Entscheidungsberichte** gehen an die zuständigen Gremien (Projektleitung oder Leitungskreis) und haben die Aufgabe, die nötige Datenbasis für eine begründete Entscheidungsfindung zu liefern. Daher beinhalten sie die Zusammenfassung der wichtigsten Ergebnisse und eine ausführliche Beschreibung der aktuellen Informationen. Im erweiterten Fall sind Lösungsalternativen unter den Rahmen der im Projektauftrag vereinbarten Ziele vorzustellen und zu bewerten.

3.5 Aufgaben nach Vollendung des Projektes

3.5.1 Tätigkeiten im Rahmen des Projektcontrolling

Die Aufgaben des Projektcontrolling während des Projektabschlusses werden in der Literatur sehr differenziert dargestellt. So weist beispielsweise Kargl dem Projektcontrolling umfassende Aufgaben im Bereich von Qualitäts- und Konfigurationsmanagement zu.[97] Der Verfasser dieser Arbeit ist der Meinung, dass hier das Gebiet des Projektcontrolling allzu weit gestreckt wird. Dieses unterstützt auch eine Studie von Michel, die ergab, dass weniger als 25% der befragten Unternehmen Projektcontrolling im Nachhinein vollziehen. Dabei liegt der investierte Aufwand in einer Größenordnung von 1% bezogen auf die Gesamtaktivitäten des Projektcontrolling. Dieses begründet er damit, dass eine nachträgliche Betrachtung keinerlei Einflussmöglichkeiten auf das abgeschlossene Projekt hätte und vielmehr eine „Heckwasserbetrachtung" sei.[98] Dies mag für Entwicklungsprojekte von IT-Systemen annehmbar sein, im Rahmen von Projekten, die in Zukunft wiederholt werden, ist dies sicherlich nicht der Fall. Hier dienen Nachkalkulationen und Nachbetrachtungen eines Projektes als Erfahrungssammlung für das Controlling zukünftiger Projekte. Überdies entsteht aber auch ein psychologischer Effekt. Teichmann führt hierzu an, dass „das Bewusstsein, dass jeder Projektvorrechnung auch einmal eine Projektnachrechnung folgen wird, bedeutet, dass der Projektplanungsprozess, bei in der Zukunft drohenden

---

[96] Vgl. Litke (1995), S. 167.
[97] Vgl. Kargl (2000b), S. 167ff.
[98] Vgl. Michel (1993), S. 90ff.

Projektkontrollen viel objektiver ... ablaufen wird."[99] Der Verfasser wird im Folgenden zwei in der Literatur besonders hervorgehobene Projektabschlussaufgaben betrachten: die Aufgaben während der Abschlussübergabe und das Wissensmanagement innerhalb des Projektabschlusses.

3.5.2 Überblick über die Controllinginstrumente

Die während des Projektes fortgeschriebene Kontrolle der Zielgrößen Kosten, Zeit und Sach- resp. Qualitätsziel sollte in diesem Bereich mittels einer Projektabschlussanalyse vollendet werden. Dabei werden die laufenden Kosten und Zeitanalysen durch das Projektcontrolling abgeschlossen und die Abweichungen klassifiziert. So können beispielsweise die Zeitabweichungen hinsichtlich *personellen* (bspw. Krankheit), *technischen* (Systemausfälle) und *organisatorischen* (Kompetenzprobleme) Ursachen gegliedert werden.[100] Überdies sind die Auswirkungen der Korrekturmaßnahmen zu analysieren um deren Wirksamkeit abschließend zu bewerten.[101] Hinsichtlich der funktionellen und qualitätsmäßigen Anforderung hat das Projektcontrolling nur eine begleitende Funktion. Die Ausführung der Abnahmetests (*Produkttests* bei SW-Produktentwicklungen ohne anschließender Fertigung, *Abschlusstests* bei HW-Produkten mit anschließender Fertigung, *Akzeptanztests* bei bereits fertig entwickelten SW-Produkten) obliegt den Qualitätsprüfern, die Dokumentation der aufgetretenen Fehler, die Bewertung hinsichtlich ihrer Funktionsbeeinflussung und die Kontrolle der Fehlerbeseitigung werden durch das Projektcontrolling begleitet und im Abschlussprotokoll festgehalten.[102] Dieses ist insb. bei externen Projekten entscheidend, da sich das Produkt als mängelfrei definiert, wenn es bei Gefahrenübergang sich für die vorausgesetzte Verwendung eignet und die Beschaffenheit ausweist, die der Käufer nach Art der Sache erwarten darf (§ 434 BGB). Erschwerend ist, dass die kaufmännische Rügepflicht bei Mängeln hierbei unverzüglich erfolgen muss (§ 377 HGB).[103] Die o.g. Ausfallkosten zeigen, dass ein Zielcontrolling daher bei externen Projekten unumgänglich ist. Im Rahmen von IT-Projekten spielen die Entwicklungskosten eine herausragende Rolle. Da diese unmittelbar an den Ressourceneinsatz gebunden sind, ist es Hauptaufgabe des Wissensmanagements, die gewonnenen Erfahrungen für spätere Projektaufgaben und Projekte zu erhalten. Im Bereich des Projektcontrolling spielt hierbei der Erfahrenserhalt innerhalb der Aufwandschätzung eine entscheidende Rolle. So können im Rahmen von Software-Projekten Daten wie erstelle *lines-of-code* je Mitarbeiter, die Anzahl der Module, deren interne und externe Schnittstellen und der Speicherbedarf Inputgrößen für zukünftige Projektaufwandschätzungen sein.[104] Aber vor allem auch die Personalkosten (sowohl intern als auch extern) werden für bevorstehende Projekte als Basis verwendet.[105]

---

[99] Teichmann (1999), S. 37.
[100] Vgl. Burghardt (2000), S. 461ff.
[101] Vgl. Zielasek (1995),S. 167.
[102] Vgl. Burghardt (2000), S. 452ff.
[103] Vgl. Heussen (1992), S. 112ff.
[104] Vgl. Burghardt (2000), S. 471.
[105] Vgl. Ebenda, S. 462.

4. Zusammenfassung und Perspektiven des Projektcontrolling

Die vorliegende Arbeit soll einen Einblick in das Projektcontrolling gegeben haben. Es wurde gezeigt, dass keine separate, sondern nur eine einheitliche Betrachtung der Zielgrößen Zeit, Qualität und Kosten ein effektives Projektcontrolling garantiert. Eine Abweichung bei einem dieser Richtungspunkte ist durch das Projektcontrolling schnellstmöglich zu analysieren und die Auswirkungen auf die anderen Parameter aufzuzeigen. Dennoch zeigen sich im Sektor der IT-Projekte neuere Anforderung an das Projektcontrolling auf. Zielasek[106] und Michel[107] zeigen Beispiele, in denen der Kosten- und Zeitrahmen annähernd erreicht wurde, sich aber die Marktbedingung während des Projektes derart geändert haben, dass das Projekt entweder unter Anforderung neuer Ziele erfolgt, oder sogar abgebrochen werden musste. Daher hat das Projektcontrolling, in Abstimmung mit der Projektleitung, auch vermehrt die Revision der Ziele – das s.g. Zielcontrolling zu verfolgen.[108]

Ein weiteres Anforderungsfeld resultiert aus einer möglichen psychologischen Abneigung gegen ein Projekt. Das Projektcontrolling hat daher, in Zusammenarbeit mit der Projektleitung, auch alle Projektbeteiligten über den Stand und die weitere Verfahrensweise zu informieren. Diese Projektkommunikation ist zur Akzeptanzgewinnung unerlässlich.[109] In der neueren Literatur wird ferner nicht mehr autark von einem Projekt, sondern vielmehr über den Lebenszyklus eines Soft- resp. Hardwaresystem berichtet. Die fortwährende Suche nach dem Prozessoptimum wird neue Anforderungen an das Projektcontrolling stellen.

Eine weitere Frage an diese Arbeit war, inwieweit ein Kosten-Nutzen-Verhältnis im Rahmen des Projektcontrolling erreicht werden kann: Hierbei ist festzustellen, dass im Rahmen von innovativen Projekten, wie bei der Eigenentwicklungen von Software-Systemen, das Kosten-Nutzen-Verhältnis durch die unbekannte Materie auch bei sehr detaillierter Planung gewährleistet ist. Die Kosten der genauen Planung und Kontrolle zahlen sich durch frühzeitige Planabweichungserkennung aus.[110] Bei Migration von Standardanwendung und Softwaresystemen kann hingegen auf detaillierte Kosten- und Zeitplanung verzichtet und vielmehr nur einzelne Projektphasen geplant und kontrolliert werden. Hierbei verwendet man vermehrt Methoden, die Erkenntnisse aus früheren Projekten auf die neue Aufgabe projizieren.

Die heterogenen Anforderungen an ein Projektcontrolling erschweren eine einheitliche Aussage hinsichtlich eines effizienten Einsatzes von Methodiken. Dennoch bilden die vorgestellten Controllinginstrumente eine allgemeingültige Hilfestellung für das Controlling der Projekte. Durch eine nutzengerechte Anpassung des Detaillierungsgrades sollte eine zielgerichtete Projektabwicklung möglich sein.

---

[106] Vgl. Zielasek (1995), S. 170ff.
[107] Vgl. Michel (1993), S. 90f.
[108] Vgl. Zielasek (1995), S. 172.
[109] Vgl. Kargl (2000a), S. 187ff.; **übereinstimmend:** Burghardt (2000), S. 101.
[110] Vgl. Michel (1993), S. 63ff.

LITERATURVERZEICHNIS

Albert, Irmtraut/Högsdal, Bernt (2000):
Meilensteintrendanalyse (MTA), in: Schelle, Heinz et. al. (Hrsg.): Projekte erfolgreich managen, Köln 1994 (5. Aktualisierung o.J.).

Balzert, Helmut (1998):
Lehrbuch der Software Technik; Bd.2: Software Management, Software-Qualitätssicherung, Unternehmensmodellierung, Heidelberg, Berlin 1998.

Baumöl, Ulrike (2000):
IV-Controlling und Target Costing; Eine vielversprechende Partnerschaft?, in: Dobschütz et. al. (Hrsg.): IV-Controlling: Konzepte, Umsetzung, Erfahrungen, Wiesbaden 2000.

Bramsemann, Rainer (1993):
Handbuch Controlling; Methoden und Techniken, 3. durchges. Aufl., München, Wien 1993.

Burghardt, Manfred (2000):
Projektmanagement; Leitfaden für die Planung, Überwachung und Steuerung von Entwicklungsprojekten, 5., wesentlich überarb. und erw. Auflage, München, Berlin 2000.

Diethelm, Gerd (2000):
Projektmanagement; Bd.1: Grundlagen: Kennzeichen erfolgreicher Projektabwicklung; Aufbau und Ablauf der Projektmanagement; Planung, Überwachung und Steuerung von Projekten, Herne, Berlin 2000.

Dunn, Robert H. (1993):
Software Qualität; Konzepte und Pläne, München, Wien 1993.

Fiedler, Rudolf (2001):
Controlling von Projekten; Projektplanung, Projektsteuerung und Risikomanagement, Braunschweig, Wiesbaden, 2001.

Fink, Andreas/Gutenschwager, Kai (2001):
Software Projektmanagement, in: wisu – das Wirtschaftsstudium, 30. Jg., Heft 11/2001, S. 1488 – 1490.

VI

Freidank, Carl-Christian (1997):
Kostenrechnung; Einführung in die begrifflichen, theoretischen, verrechnungstechnischen sowie planungs- und kontrollorientierten Grundlagen des betrieblichen Rechnungswesens und einem Überblick über neuere Konzepte des Kostenmanagements, 6., vollst. überarb. und erw. Aufl., München, Wien 1997.

Haberstock, Lothar (1998):
Kostenrechnung; Bd.1, Einführung: mit Fragen, Aufgaben, einer Fallstudie und Lösungen, 10., unveränd. Auflage, 1998.

Haberstock, Lothar (1993):
Kostenrechnung; Bd.2, (Grenz-)plankostenrechnung: mit Fragen, Aufgaben und Lösungen, 7., durchgesehene Auflage, 1993.

Heussen, Benno (1992):
Controlling von EDV-Projekten; Vertragsgestaltung und Kostenkontrolle, Köln 1992.

Horváth, Péter (1998):
Controlling, 7., vollst. überarb. Aufl., München 1998.

Kargl, Herbert (2000a):
Controlling von IV-Projekten, in: Dobschütz et. al. (Hrsg.): IV-Controlling: Konzepte, Umsetzung, Erfahrungen, Wiesbaden 2000.

Kargl, Herbert (2000b):
Management und Controlling von IV-Projekten, München, Wien 2000.

Keßler, Heinrich/Winkelhofer, Georg (1997):
Projektmanagement; Leitfaden zur Steuerung und Führung von Projekten, Berlin et. al. 1997.

Krcmar, Helmut (2000):
IV-Controlling; Ein Rahmenkonzept, in: Krcmar, Helmut/Buresch, Alexander/Reb, Michael (Hrsg.): IV-Controlling auf dem Prüfstand; Konzept, Benchmarking, Efahrungsberichte, Wiesbaden 2000.

VII

Kütz, Martin (2000):
Qualitätscontrolling in IV-Projekten, in: Dobschütz et. al. (Hrsg.): IV-Controlling: Konzepte, Umsetzung, Erfahrungen, Wiesbaden 2000.

Litke, Hans-Dieter (1995):
Projektmanagement; Methoden, Techniken, Verhaltensweisen, 3.überarb. und erw. Aufl., München, Wien 1995.

Litke, Hans-Dieter (1996):
DV-Projektmanagement; Zeit und Kosten richtig einschätzen; München, Wien 1996.

Michel, Reiner M. (1993):
Taschenbuch Projektcontrolling; Know-how der Just-in-time-Steuerung, Heidelberg 1993.

Meier, Petra (2001):
Budgetplanung; Ab wann trägt sich ein Projekt, in: Projektmagazin – das interaktive Online-Magazin für erfolgreiches Projektmanagement, o.Jg., Heft 15/2001, S. 1- 6.
Download unter: http://www.projektmagazin.de

Ochß, Volker/Bayerlein, Frank (2000):
IV-Projekt-Controlling; Erfahrung bei der Deutschen Bank AG in: Krcmar, Helmut/Buresch, Alexander/Reb, Michael (Hrsg.): IV-Controlling auf dem Prüfstand; Konzept, Benchmarking, Efahrungsberichte, Wiesbaden 2000.

Schelle, Heinz (2000):
Projektkostenplanung und –kontrolle; Überblick und neuere Entwicklung, in: Schelle, Heinz et. al. (Hrsg.): Projekte erfolgreich managen, Köln 1994.
(14. Aktualisierung 2000)

Schulte, Helmut/ Stumme, Gerhard (1998):
Projektmanagement, in: Kleinaltenkamp,M.; Plinke, W. (Hrsg.): Auftrags- und Projektmanagement, Berlin, Heidelberg, New York 1998.

Schwarze, Jochen (1994):
Netzplantechnik; eine Einführung in das Projektmanagement, 7., vollst. überarb. Auflage., Herne, Berlin 1994.

Stadler, Robert (2000):
Organisation und Umsetzung von Multiprojektcontrolling, in: Dobschütz et.al. (Hrsg.): IV-Controlling; Konzepte, Umsetzung, Erfahrungen, Wiesbaden 2000.

VIII

Teichmann, Stephan (1999):
Projektcontrolling, Berlin 1999.

Walenta, Thomas (2001):
Messbarer Projekterfolg mit Earned Value Analyse, in: Projektmagazin – das interaktive Online-Magazin für erfolgreiches Projektmanagement, o. Jg., Heft 4/2001, S. 1- 8.
Download unter: http://www.projektmagazin.de

Wedelstaedt, Jürgen (2001):
Einführung in Projektcontrolling, in: Projektmagazin – das interaktive Online-Magazin für erfolgreiches Projektmanagement, o. Jg., Heft 6/2001, S. 1- 5.
Download unter: http://www.projektmagazin.de

Wöhe, Günther (1992):
Bilanzierung und Bilanzpolitik; betriebswirtschaftlich, handelsrechtlich, steuerrechtlich; mit einer Einführung in die verrechnungstechnischen Grundlagen; 8., völlig neubearb. und erw. Aufl., München 1992.

Wöhe, Günther (2000):
Einführung in die allgemeine Betriebswirtschaftslehre; 20., neubearb. Aufl., München 2000.

Zielasek, Gotthold (1995):
Projektmanagement; erfolgreich durch Aktivierung aller Unternehmensebenen, Berlin et. al. 1995.

INTERNETVERZEICHNIS

Internetquelle 1:
http://www.cid-bz.de/cid/uptodate2002/upto_1_8.html (download am 07.12.02 11:50 Uhr)

IX

Internetquelle I - *http://www.cid-bz.de/cid/uptodate2002/upto_1_8.html*

"Absturz"? Hochverfügbarkeit !

Rechnerabstürze können Ärger oder Wut erzeugen, darüber hinaus entsteht häufig genug auch beträchtlicher ökonomischer Schaden. Die Hauptgründe für Systemausfälle liegen in fehlerhafter Hardware - das betrifft 42 Prozent. In 30 Prozent der Fälle liegt die Ursache bei menschlichem Versagen; nur 7 Prozent werden durch Computerviren ausgelöst. Rechnerausfälle von nur einigen Stunden bedeuten für Unternehmen manchmal gehörige finanzielle Einbußen; dauern sie noch länger an, können sie - je nach Branche - sogar den Konkurs bedeuten. Statistiken geben darüber Auskunft, welche Ausmaße die dadurch verursachten Schäden erreichen können.

Teurer Systemausfall - Kosten pro Stunde nach Branche

Energie	2.817.846 $
Telekommunikation	2.066.245 $
Finanzmärkte	1.495.134 $
Informationstechnologie	1.344.461 $
Versicherungen	1.202.444 $
Banken	996.802 $
Transport	668.586 $
Reisen	330.586 $

Aus diesem Grunde erhalten "hochverfügbare" Systeme in der Wirtschaft zunehmende Bedeutung. In vielen Geschäftsabläufen ist es gar nicht mehr möglich, im Falle einer Störung "manuell" weiterzuarbeiten. Tritt ein Störfall ein, muß er so schnell wie möglich behoben werden. Ein System, das zu 99 Prozent verfügbar ist, verursacht im Datenstrom einen täglichen Stillstand von 14,4 Minuten. Das ist auf den ersten Blick nicht viel. Doch auf ein Jahr gerechnet, sind das schon etwa 86 Stunden. Bei statistisch angesetzten 100.000 Dollar "Downtime"-Kosten bedeutet das 8,6 Millionen Dollar. Eine Verfügbarkeit von 99,999 Prozent hingegen entspricht einem jährlichen Ausfall von nur 3,6 Stunden - d.h. knapp ein Prozentpunkt Unterschied in der Verfügbarkeit kann einen erheblichen Unterschied in den Folgekosten bedeuten.

Die technische Lösung für die Sicherung der Hochverfügbarkeit ist das sogenannte "Clustering". Vereinfacht ausgedrückt, bedeutet dies, daß ein System A im normalen Geschäftsbetrieb arbeitet. Im Hintergrund läuft ein System B im "Stand-by"-Betrieb oder führt Arbeiten aus, die im Ernstfall unterbrochen werden können. Jedes System überwacht das andere und übernimmt bei einem Ausfall automatisch die Arbeit.

Beratung, Planung und Umsetzung von Hochverfügbarkeitslösungen für IT-Systeme gehört zu den Kernkompetenzen der CIDEON Systems AG. *(Quelle: Meta Group)*

EHRENWÖRTLICHE ERKLÄRUNG

Ich erkläre ehrenwörtlich:

1. dass ich meine Hausarbeit ohne fremde Hilfe angefertigt habe,

2. dass ich die Übernahme wörtlicher Zitate aus der Literatur sowie die Verwendung der Gedanken anderer Autoren an den entsprechenden Stellen innerhalb der Arbeit gekennzeichnet habe,

3. dass ich meine Hausarbeit bei keiner anderen Prüfung vorgelegt habe.

Ich bin mir bewusst, dass eine falsche Erklärung rechtliche Folgen haben wird.

Berlin, den 05. Januar 2003

Matthias Sange
cand. Dipl. Betriebswirt (BA)